MON PARCOURS DE 21 JOURS DE JEÛNE ET DE PRIÈRE

Un guide biblique et dévotionnel visant à préparer ceux qui veulent chercher le seigneur, briser les forteresses, les liens et les dépendances. Si vous recherchez des conseils, la guérison, ou simplement un moment de rencontre avec votre seigneur et sauveur, ce guide vous est destiné.

JIMMY LOISEAU

ISBN: 979-8-90329-709-2

EMAIL: awakening.publish@kingshipenterprise.com

Catalog

Pourquoi jeûner ?

« Quand vous jeûnez, ne prenez pas un air triste comme font les hypocrites : ils changent de visage pour que tout le monde voie qu'ils jeûnent. Je vous le déclare, c'est la vérité : ils ont déjà leur récompense. Mais quand tu jeûnes, parfume ta tête et lave ton visage, afin de ne pas montrer aux hommes que tu jeûnes, mais à ton Père qui est là dans le lieu secret ; et ton Père, qui voit dans le secret, te le rendra. (Matthieu 6 : 16-18 LSG)

Jésus dans Matthieu 6 :16-18 souligne un point très clair, à savoir que Jésus s'attend à ce que les croyants jeûnent. « Remarquez qu'il est dit : 'Et **quand** vous jeûnez'. Ce n'est donc pas une question de savoir si nous devons jeûner, mais bien de savoir 'quand' nous le ferons. » En d'autres termes, notre vie devrait être une vie de jeûne et de prière. Pour affronter les luttes constantes que nous rencontrons, le jeûne, plus que jamais n'est pas une option, il est et doit être un mode de vie pour un vrai croyant.

Certains démons et certaines épreuves que nous affrontons ne peuvent être vaincus par une simple prière. Dans Marc chapitre 9 : 14-29, les disciples étaient confrontés à la nécessité de chasser un démon d'un garçon possédé par un démon. Bien qu'ils aient déjà eu l'expérience de chasser des démons auparavant (Matthieu 10), devant ce démon spécifique, ils se sont trouvés impuissants. Ce n'est que lorsque Jésus descendit qu'il fut capable de chasser le démon du garçon. Jésus rentra à la maison ; ses disciples, qui étaient seuls avec lui, lui demandèrent alors : "Pourquoi n'avons-nous pas réussi, nous, à chasser cet esprit" ? 29 Et il leur dit : « Des esprits comme celui-là, ne peuvent sortir que par la prière et le jeûne. » (Marc 9 : 27-28 LSG)

Si vous voulez avoir le pouvoir de surmonter les addictions et les péchés sont une nuisance constante dans votre vie, le jeûne est la clé. Si vous voulez profiter de l'intimité avec le Seigneur, chercher des réponses aux prières et grandir dans l'amour et la connaissance du Christ, le jeûne est la clé.

<u>Pourquoi 21 jours ?</u>

"Daniel résolut de ne pas se souiller par les mets du roi et par le vin dont le roi buvait, et il pria le chef des eunuques de ne pas l'obliger à se souiller." Daniel 1 : 8 « En ce temps-là, moi, Daniel, je fus trois semaines dans le deuil. Je ne mangeai aucun mets délicat, il n'entra ni viande ni vin dans ma bouche, et je ne m'oignis point jusqu'à ce que les trois semaines fussent accomplies (Daniel 10 : 2-3 LSG)

Le but du jeûne est de développer votre relation avec Dieu. La décision de Daniel de ne pas manger la nourriture du roi était un symbole externe de son engagement intérieur envers Dieu. Que vos choix durant ces 21 jours de jeûne soient le reflet de votre faim et de votre désir pour la présence de Dieu dans votre vie. Le jeûne est une discipline spirituelle conçue pour nous connecter à Dieu à un autre niveau. Que vous soyez une église ou un individu, le jeûne approfondira votre relation avec Dieu comme jamais auparavant. Découvrez son plan et son but pour votre vie, et faites l'expérience d'une percée spirituelle qui révolutionnera votre église, votre famille et votre communauté.

<u>Ce que la Bible dit à propos du jeûne</u>

« Le jeune ne doit pas être un spectacle : « Lorsque vous jeûnez, ne prenez pas un air triste comme font les hypocrites : ils changent de visage pour que tout le monde voie qu'ils jeûnent. Je vous le déclare, c'est la vérité : ils ont déjà leur récompense. Mais quand tu jeûnes, parfume ta tête et lave ton visage, afin de ne pas montrer aux hommes que tu jeûnes, mais à ton Père qui est là dans le lieu secret ; Et ton Père, qui voit dans le secret, te le rendra » (Matthieu 6:16-18).

2. Le jeûne biblique consiste à « ne pas manger » en gardant à l'esprit la communication spirituelle. Comment le savons-nous ? Parce que, dans la Bible, le jeûne biblique s'accompagne toujours de la prière. Vous pouvez prier sans jeûner, mais vous ne pouvez pas jeûner (bibliquement parlant) sans prier. Le jeûne biblique consiste à s'abstenir délibérément de manger pour une raison spirituelle : la communication et la relation avec votre Père céleste.

Lorsque vous éliminez la nourriture de votre alimentation pendant plusieurs jours, votre esprit devient épuré des choses de ce monde et incroyablement sensible aux choses de Dieu. Le Jeûne (Fasting), par Jentezen Franklin

3. Dieu a dit que lorsque vous le cherchez de tout votre cœur, vous le trouverez (Jérémie 29 : 13). Lorsqu'un homme ou une femme est prêt à mettre de côté les appétits légitimes du corps pour se

concentrer sur la tâche de la prière, il/elle fait preuve de rigueur pour chercher Dieu de tout son cœur.

Le jeûne est un moyen par lequel nous adorons le Seigneur et nous nous soumettons à lui dans l'humilité. Lorsque nous jeûnons ou si nous jeûnons davantage, cela n'amènera pas Dieu à nous aimer plus qu'Il ne nous aime déjà. L'un des plus grands avantages spirituels du jeûne est de devenir plus attentif à Dieu, devenir conscient de nos propres insuffisances et de Son adéquation, de nos propres contingences et de Son autosuffisance, et d'écouter ce qu'il veut que nous soyons et ce qu'il veut que nous fassions. [. . .] Le jeûne chrétien se focalise sur Dieu. Les résultats sont des fruits de l'Esprit qui glorifient Dieu tant dans la vie de celui qui jeûne que dans celle des personnes pour lesquelles nous intercédons par le jeûne et la prière.   — Jeûner pour une percée spirituelle (Fasting for Spiritual Breakthrough) par Elmer Towns

<u>Bien plus que de la nourriture :</u>

Bien que le jeûne biblique consiste principalement à s'abstenir de manger de la viande et des aliments agréables, Cela ne se limite pas à cela. De nos jours, notre attention est sans cesse sollicitée : Internet, réseaux sociaux, sorties, discussions, travail, oui, même le ministère, la famille et les obligations du quotidien s'y ajoutent. Bien que beaucoup d'entre nous ne pouvons pas nous enfermer pendant 21 jours, il y a des choses pendant le jeûne auxquelles nous devrions également nous abstenir afin que notre âme et notre esprit puissent se concentrer sur le Seigneur. Parmi les choses à éviter figurent les réseaux sociaux, les aliments plaisants, la navigation sur Internet (sauf si elle est liée au travail ou aux études), les conversations futiles, les jeux, la télévision, et les relations sexuelles. Le Seigneur peut vous demander de vous abstenir d'autres choses durant votre jeûne. S'il l'exige, faites-le.

Qu'en est-il de l'intimité sexuelle :

L'abstinence sexuelle peut être difficile pour de nombreux couples mariés, mais quelques principes doivent être suivis.

1. Les deux personnes doivent accepter de s'abstenir de relations sexuelles pendant la durée du jeûne. L'une des rares occasions où Dieu a ordonné aux hommes de s'abstenir de relations sexuelles se trouve dans Exode 19 : 15. C'était dans le but d'adorer Dieu. Dans 1 Corinthiens 7 : 5, Les couples ne peuvent s'abstenir de relations sexuelles que dans le cadre de la prière et du jeûne, et uniquement d'un commun accord ! Dieu n'ordonne jamais à un couple de ne pas faire l'amour pendant le jeûne. Votre corps appartient à votre conjoint ! Vous n'en avez pas le contrôle quand il s'agit de sexe. Si l'un des conjoints veut avoir des relations sexuelles, alors l'autre conjoint devrait volontairement choisir de profiter du temps ensemble.

2. Si vous êtes intimes avec votre conjoint, cela ne rend pas votre jeûne moins puissant par rapport à quelqu'un qui aurait choisi de s'en abstenir. Mais c'est recommandé en guise de sacrifice et pour contrôler vos désirs sexuels.

3. Si vous faites l'amour à votre femme/mari pendant le jeûne, réengagez-vous dans le jeûne et continuez, il n'est pas nécessaire de désengager complètement le jeûne.

Que le Seigneur bénisse votre engagement et que les écluses des cieux s'ouvrent pendant ces 21 jours.

Étapes d'un jeûne réussi

Étape 1 : Soyez précis ;

Daniel n'a pas tourné autour du pot, il a immédiatement exposé le problème.

1. La nourriture du roi était contraire aux lois alimentaires.
2. Daniel et ses amis avaient choisi de s'abstenir du vin.
3. La nourriture du roi avait été offerte aux idoles/démons.

Soyez précis sur les choses que vous voulez que Dieu fasse pour vous. « Nous ne l'avons pas fait parce que vous ne le demandez pas. »

Étape 2 : Le jeûne en tant qu'engagement spirituel.

Le jeûne de Daniel implique un engagement spirituel envers Dieu. « Daniel résolu en son cœur de ne pas se rendre impur » (<u>Daniel 1:8</u>).

Vous ne pourrez peut-être pas vous engager pendant 21 jours, mais quel que soit votre disponibilité, offrez-la Lui, et Dieu honorera votre disposition de cœur. Si vous êtes déterminé à jeûner pendant un certain temps, restez ferme dans votre conviction. Par exemple, si vous décidez de jeûner pendant 10 jours, ne vous arrêtez pas le 9e jour.

Étape 3 : Comment devez-vous jeûner

Dans notre église, lorsque nous jeûnons, nous suivons généralement ce régime, mais vous pouvez vous ajuster comme bon vous semble.

- Pendant les trois (3) premiers jours, nous faisons un jeûne d'Esther où nous ne buvons que de l'eau. Je sais que ce jeûne de trois jours uniquement à l'eau sera éprouvant pour plusieurs d'entre vous, mais je proclame avec foi, au nom de Jésus, que vous en sortirez revêtus d'une puissance divine telle qu'on n'en a jamais vue. Ne craignez rien, placez votre confiance dans le Seigneur, et Il vous fera franchir chaque étape.
- Pour le reste du jeûne, nous entrons dans le jeune de Daniel.
- Votre jeûne devrait commencer le soir vers 18 h ; réveillez-vous entre 5h 30 et 6 h pour commencer votre matinée avec le Seigneur.
- Vous pouvez manger un repas entre 15h et 18h
- Parce que les journées peuvent être très occupées, vous pouvez avoir des collations saines pendant la journée. Les collations peuvent inclure des fruits, des noix et des légumes. Les collations biologiques sans OGM sont recommandées, mais non obligatoires. L'élimination complète des sucres est **INCONTOURNABLE**. Vous trouverez ci-dessous une liste plus détaillée pour vous orienter.

J'ai mentionné précédemment de commencer votre jeûne le soir, mais pourquoi est-ce important ? Bibliquement, un jeûne otène commence le soir car une journée dans la bible est considérée comme commençant au coucher du soleil. (Genèse 1 : 5b LSG) « Il y eut un soir, il y eut un matin : premier jour. » En commençant votre jeûne le soir, cela signifie le début d'une nouvelle journée dédiée au focus spirituel et à l'abstinence de nourriture. C'est la raison pour laquelle nous avons **des PAUSES - JEÛNE** le matin. Manger rompt le jeûne.

Étape 3 : Refléter le désir intérieur par la discipline extérieure

Beaucoup de personnes ont un désir intérieur d'être en meilleure santé, mais ils ne peuvent pas se discipliner pour éviter une alimentation industrielle et d'autres aliments qui ne sont pas bons pour leur santé. La santé physique que vous recherchez auprès de Dieu peut être plus qu'une réponse à la prière. Votre santé physique peut être liée à l'un des facteurs suivants :

1. Vos choix alimentaires.
2. Le niveau de votre engagement spirituel se reflète dans la prière constante pendant le jeûne.
3. Votre engagement à témoigner. Votre jeûne est une déclaration de foi à Dieu que vous voulez qu'Il guérisse votre corps, et la foi est fondamentale pour le jeune de Daniel.

Étape 4 : Priez pour discerner le lien possible entre le péché et un état de santé préoccupant. Jaques 5:13-16:

> « Quelqu'un parmi vous est-il dans la souffrance ? Qu'il prie. Quelqu'un est-il dans la joie ? Qu'il chante

des cantiques. Quelqu'un parmi vous est-il malade ? Qu'il appelle les anciens de l'Eglise, et que les anciens prient pour lui, en l'oignant d'huile au nom du Seigneur ; La prière de la foi sauvera le malade, et le Seigneur le relèvera. Et s'il a commis des péchés, il lui sera pardonné. Confessez donc *vos* péchés les uns aux autres, et priez les uns pour les autres, afin que vous soyez guéris. La prière fervente du juste a une grande efficacité. » (LSG)

- Le péché est souvent lié à l'origine de certaines maladies.

- Le manque de santé/guérison peut être le résultat d'une rébellion spirituelle.

- Le manque de guérison/santé peut parfois être lié à des comportements nuisibles, tels que les drogues ou la pornographie.

- La repentance est liée à la santé selon Jaques.

- Les aînés ont un rôle à jouer dans la guérison de la santé spirituelle et physique.

- Les personnes malades doivent désirer être en bonne santé

- L'huile d'onction pourrait signifier :
    1. Médicament pour la guérison ;

    2. Symbolique du Saint-Esprit ; ou

    3. Cela pourrait être le baptême.

Étape 5 : Jeûner en tant que Déclaration de foi aux autres

Daniel a fait une déclaration de foi en demandant les légumes et de l'eau et alla jusqu'à défier le surveillant à comparer, après un certain temps, l'apparence des quatre jeunes Israélites à celle de ceux qui se nourrissaient des plats du roi.

C'est l'année où nous, en tant que peuple de Dieu, devons faire une déclaration. Le diable et ses acolytes n'hésitent pas à afficher leur animosité envers tout ce qui est divin ou chrétien. Il nous revient donc de rappeler à nos adversaires que seul Dieu ouvre et ferme les portes, accorde la bénédiction et la guérison, non pas notre argent, nos relations ou notre renommée.

Étape 6 : Apprenez les effets de la nourriture que vous mangez.

Pourquoi certains aliments sont-ils bons pour nous, et d'autres non ? Que font certains aliments à votre corps ? Si nous le savions vraiment, il y aurait probablement des choses que nous ne mangerions plus jamais.

Étape 7 : Rendez tous les résultats à Dieu, a dit

Daniel : « Eprouve tes serviteurs comme bon te semble, » (Dan. 1:13).

Permettez au Seigneur Jésus de se charger des résultats. Rappelez-vous que la Parole de Dieu c'est Oui et Amen !! Mais cela ne peut se produire que lorsque vous avez la foi. Le manque de foi est le seul obstacle qui peut empêcher Dieu de libérer tout ce qu'il vous réserve cette année.

Un bref rappel alors que vous commencez, en cas de souci de santé, il est essentiel de consulter votre professionnel de santé, tel que votre médecin traitant. De nombreuses personnes ont témoigné de leur expérience de guérison de maladies chroniques pendant le jeûne.

JEUNE DE DANIEL :

Guide des aliments pour le jeûne de Daniel

Aliments à inclure pendant le jeûne de Daniel

Tous les fruits : Ceux-ci peuvent être

- Frais, Congelé, Séché, En jus ou en conserve.

Les fruits comprennent, mais sans s'y limiter :

- -Pommes, Pamplemousses, Abricots, Raisins, Bananes, Goyave Poires

- -Myrtilles, Mûres de Boysen, Melon miel, Pruneaux, Raisins secs, Prunes Figues

- -Cantaloup, Melons, Cerises, Kiwi, Oranges, Ananas, Pêches

- -Canneberges, Citrons et limes, Mûres, Nectarine, Papayes, Mangues, Framboises et fraises, Mandarines et pastèques

Tous les légumes : Ces derniers peuvent être

Frais, Congelé, Séché, En jus ou en conserve.

Les légumes comprennent, mais sans s'y limiter :

- Artichauts, Asperges, Betteraves, Brocoli, Choux de Bruxelles - Tomates

- Chou - Carottes, Chou-fleur, Pommes de terre sucrées, Courges, Laitues

- Piments, Chou vert - Maïs, Concombres, Épinards, Céleri, Oignons verts

- Aubergine, Ail, Racine de gingembre, Chou frisé - Poireaux, Rutabagas - Radis

- Champignons - Feuilles de moutarde - Gombos - Oignons-Persil- Pommes de terre

- les hamburgers au cresson, à l'igname, à la courgette et aux légumes sont une option si vous n'êtes pas allergique au soja.

- Toutes les céréales complètes, notamment le blé entier, sont inclus.

- Riz brun - Millet - Avoine - Orge - Gruau - Pâtes de blé entier - Tortillas de blé entier

- Gâteaux de riz

Tous les types de noix et grains entiers, y compris, mais sans s'y limiter :

- Graines de tournesol, noix de cajou, cacahuètes, sésame. Inclut aussi les beurres de noix, comme le beurre de cacahuète.

<u>Toutes les légumineuses</u>

- Celles-ci peuvent être mis en conserve ou séchés. Les légumineuses comprennent, mais sans s'y limiter

- Pois cassés - Lentilles - Haricots à œil noir - Haricots rouges - Haricots secs - Haricots pint

- Haricots noirs, Haricots cannellini, Haricots blancs.

<u>L'ensemble des huiles de qualité, incluant mais ne se limitant pas aux :</u>

- Olive, Canola, Pépins de raisin, Arachide et sésame.

<u>Boissons recommandées :</u> eau de source, eau distillée - Lait de soja, - Lait d'amande. <u>AUCUN</u> produit laitier

<u>Autre :</u> tofu, produits à base de soja, vinaigre, assaisonnements, sel, herbes et épices.

LE JEÛNE DE DANIEL : CE QU'IL NE FAUT PAS MANGER

Aliments à éviter durant le Jeune de Daniel

<u>**Tous les produits carnés et dérivés animaux, incluant, mais sans s'y limiter :**</u>

- Bœuf, Agneau, Porc, Volaille et poisson.

- <u>Tous les produits laitiers,</u> y compris le lait, le fromage, la crème, le beurre, et les œufs, sans que cette liste soit exhaustive.

- **Tous les édulcorants, y compris, mais sans s'y limiter au :** sucre, sucre brut, miel, sirops,

- la mélasse, le jus de canne, ainsi que tous les pains contenant du levain, comme le pain Ezekiel, qui inclut de la levure et du miel, et les produits de boulangerie.

<u>**Tous les produits alimentaires raffinés et transformés, y compris**</u>

Mais ne se limite pas aux arômes artificiels, aux additifs alimentaires, aux produits chimiques, au riz blanc, à la farine blanche et aux aliments contenant des conservateurs artificiels.

Tous les aliments frits, y compris, mais sans s'y limiter, aux pommes de terre chips, frites, chips de maïs. Toutes les graisses solides, y compris la matière grasse, la margarine, le lard et les aliments riches en matières grasses. Les boissons incluent, entre autres, le café, le thé, les infusions, les sodas, les boissons énergétiques ainsi que les boissons alcoolisées.

<u>PRÉPARATION</u>

Alors que vous vous préparez pour ce magnifique parcours de 21 jours de jeûne et de prière, j'aimerais vous transmettre quelques éléments supplémentaires.

Établissez un lieu et un moment où vous pouvez prier, lire et méditer la parole de Dieu. Je veux que vous teniez un journal de ce qui vous arrive quotidiennement. Vous serez ravi, dans les années à venir, de voir les choses extraordinaires qui se produiront.

Pendant le jeûne de Daniel, vous <u>ne</u> consommerez aucun sucre ni édulcorant d'aucune sorte, ni caféine ni produits chimiques artificiels. De nombreuses personnes subissent une désintoxication physique pendant les premiers jours du jeûne, qui peut se manifester par :

- Des maux de têtes

- La fatigue

- Des crampes aux jambes et autres symptômes typiques.

Vous pouvez réduire ces effets en vous sevrant de ces aliments avant le début du jeûne et en buvant au moins 1/2 gallon d'eau filtrée chaque jour avant, pendant et après la période de jeûne. Si vous ressentez des symptômes qui vous préoccupent, n'hésitez pas à contacter votre médecin traitant. Jeûner ne devrait jamais être nocif pour le corps !

Lors de vos achats alimentaires, veillez à LIRE attentivement LES ÉTIQUETTES afin de vérifier que les ingrédients des produits emballés sont compatibles avec le Jeûne de Daniel. Soyez particulièrement attentif à la présence de produits chimiques, de produits laitiers et d'édulcorants, qui ne sont pas autorisés pendant le Jeûne de Daniel.

À NE PAS FAIRE

1. N'ajoutez pas de lait ou de sucre à aucune des boissons que vous préparez.

2. Ne paniquez pas si vous voyez que votre urine change légèrement de couleur. C'est tout à fait normal. Buvez beaucoup d'eau.

3. Vous pouvez boire 100 % de jus de fruits/légumes. Je recommande une centrifugeuse pour mixer un mélange de fruits et légumes frais.

CEUX QUI ONT DES PROBLÈMES DE SANTÉ

Pour ceux qui ont des problèmes de santé qui peuvent vous empêcher de jeûner pendant les 21 jours, ce n'est pas le nombre de jours que Dieu regarde, mais le cœur et le niveau de votre engagement.

Consultez votre médecin et observez comment le Seigneur vous guide. Vous ne pourrez peut-être pas sauter un repas, si c'est le cas, réduisez la quantité que vous mangez. Mangez moins et **SANS VIANDE**. Certains peuvent même vouloir faire le jeune dans son intégralité. Si c'est le cas, ayez la foi que Dieu vous soutiendra et rappelez-vous que Dieu regarde votre niveau d'engagement.

UN MOT POUR LES FAMILLES

Si vous jeûnez en famille, je vous recommande chaque nuit de prier ensemble, car mari et femme jeûneront tous les deux. Cela vous renforcera spirituellement et aidera à vous encourager mutuellement. N'oubliez pas de vous abstenir de relations sexuelles jusqu'à la fin du jeûne. Si vous avez des enfants plus âgés, envisagez de les encourager à jeûner pendant quelques jours. Ce sera une excellente façon de les enseigner une autre dimension de la vie de disciple en Christ.

DE QUOI D'AUTRE POURRAIT-ON SE PRIVER PANDANT LE JEUNE

« Bien que vous vous absteniez de manger en signe de sacrifice, ne laissez pas l'aspect légaliste du jeune vous éloigner dans votre intimité avec le Seigneur » (Pasteur J. Franklin)

Voici quelques autres éléments à garder à l'esprit et à éviter pendant le jeûne.

- S'abstenir de tout discours critique
- Regarder la télévision, sauf si c'est la météo ou le travail
- Répandre des paroles négatives, des commérages, des propos vains
- Internet à des fins de divertissement.

- Passer du temps avec des « hommes » ou des « femmes »

- Les discussions

- Les journaux et magazines

- Les conversation constante par téléphone portable/textos.

- Tout ce qui satisfait les besoins de la chair

Permettez au Seigneur de vous guider dans d'autres choses dont vous devez vous abstenir pendant votre jeûne.

Il est important d'avoir votre musique d'adoration préférée disponible pour passer du temps à adorer. Vous pouvez visionner à la télévision une prédication ou un service d'adoration. Disposez votre cœur à écouter la voix du Seigneur, sans permettre aux influences du monde de filtrer vos pensées pendant ces jours. Vous pouvez choisir un compagnon de prière pour vous encourager mutuellement et rester fidèles à votre engagement.

SAVEZ-VOUS POURQUOI VOUS JEÛNEZ ?

Commencez par fixer un objectif. Soyez spécifique. De quoi avez-vous besoin ? direction, guérison, restauration, mariage, dépendances, finances. ? ?

Vous pouvez avoir plusieurs requêtes ou besoins que vous présentez devant Dieu. Restez focalisé sur 2 à 4 choses précises. Il connaît tous vos besoins, apportez-les-Lui, Il fera le reste. Préparez-vous à ce qu'Il s'occupe de « vous » d'abord et avant tout. Quels que soient le péché, l'attitude, la pensée ou les problèmes que vous avez dans votre vie, Dieu vous traitera toujours en premier parce que vous êtes la priorité la plus importante pour lui.

Sans mettre de côté la parole et la prière, considérez votre jeûne comme une discipline alimentaire de 21 jours. Il peut y avoir des jours où le ciel s'ouvre, vous invitant à vous recueillir dans la prière. Mais il y aura des jours où votre énergie sera sapée et vous ne pourrez tout simplement pas vous concentrer sur la prière. Ne vous condamnez pas. Dieu voit votre sacrifice. Appelez quelqu'un et commencez à prier ensemble au téléphone. Comme le fer aiguise le fer, nous devons nous aiguiser mutuellement.

Commencez par vous lever tôt chaque matin et passez au moins 30 minutes avec le Seigneur.

Mon JEÛNE DE 21 JOURS commence aujourd'hui !

Je m'engage à jeûner du (date) _______________ au _______________

Journée 1

Commencer

Le jeûne vous ouvre la voie à une relation plus profonde, plus intime et plus puissante avec le Seigneur. En éliminant la nourriture et les autres plaisirs, votre esprit deviendra épuré et vous serez sensible à la voix de Dieu.

Pour votre première journée :

- Prier et demeurer dans la parole de Dieu

- Boire beaucoup d'eau.

- Rester focalisé et éviter les tentations

- Garder votre jeûne et son objectif à l'esprit

- Prier et louer et écouter de la musique d'adoration autant que possible.

Les effets physiques

- Les douleurs liées à la privation et les tentations pour la nourriture, le sucre et la caféine.

● Il est possible que des maux de tête surviennent pendant que votre organisme élimine les toxines.

Jour 1

Action de grâce

éfléchissez à toutes les bénédictions que Dieu vous a démontré tout au long de cette dernière année. En considérant toutes les choses que vous avez vécues, pouvez-vous voir comment le Seigneur a guidé, protégé et gardé votre esprit en parfaite paix ? Pensez à tous ces moments où vous auriez pu perdre la tête, et pourtant, Dieu vous a soutenu. Rappelez-vous Sa bonté au cours de l'année écoulée. Commencez cette journée en Le bénissant ; Louez Son nom. Chantez des chants de louange. Louez-Le pour ce qu'Il est.

<u>Passage à lire et à méditer pendant la prière</u>

- Psaumes 31:19

- Psaumes 47 et 48

- Psaumes 66

- Psaumes 95 : 1-6

- Psaumes 100 et 107:1

- Psaumes136 :1-26

- 1 Chroniques 29 : 11-13

- Psaumes 147

- Ésaïe 12 :1-6

- Hébreux 12 : 28-29

Jour 2

Faim de la Présence de Dieu

Nombreux sont les chrétiens qui, en période de jeûne, sont conscients d'être mal nourris spirituellement, mais rassasiés des influences mondaines ; et cela se reflète dans une vie sans victoire. Nous devons nous nourrir avec diligence de la Parole de Dieu. Au début de votre deuxième journée, ce sera un peu plus difficile. Mais n'abandonnez pas et restez focalisé.

<u>Le deuxième jour, souvenez-vous de</u>

- Boire beaucoup d'eau

- Passer du temps dans la Parole de Dieu

- Prier..... Les deuxième et troisième jour sont les plus difficiles.

<u>Les effets physiques</u>

- La langue commence à enduire

- La sensation de faim augmente

- Les envies sont parfois intenses

- Votre corps commence à brûler les graisses pour un processus énergétique appelé « cétose »

SE FOCALISER SUR LA PRIÈRE: JOUR 2:
Confession des péchés

C'est le jour pour commencer à confesser tous les péchés, les péchés secrets, les mauvaises attitudes, les commérages, l'immoralité, toute sortes de péché que vous reconnaissez comme étant en désaccord avec la volonté de Dieu. Préparez-vous à ce que le Seigneur vous parle et vous rappelle les choses que vous avez peut-être mal faites mais que vous n'avez pas remarquées ou réalisées.

C'est le moment de vous repentir, sans chercher des excuses ou blâmer les autres. Peu importe ce qui est à l'origine, Dieu veut toujours que nous ayons un caractère divin en toutes choses, qu'elles soient provoquées ou non.

<u>Passage à lire et à méditer pendant la prière</u>

- Jérémie 3 : 13

- Lévitique 26 : 40-42

- Proverbes 28 : 13

- 2 Samuel 24 : 10

- Psaumes 25

- Psaumes 51

- Jérémie 14 : 7-9

- Psaumes 38

- 1 Jean 1 : 5-10

- Néhémie 9

- Daniel 9

Jour 3

Ça Y Est ; N'Abandonnez Pas Maintenant

Le jeûne éveille dans votre esprit une faim pour la présence de Dieu. Quand tu as soif de Lui, Il te comblera. Dieu cherche des gens qui veulent plus de Lui. Un peuple qui ira au-delà de simples paroles, au-delà de la présence au service à l'église, de chanter dans la chorale ou simplement d'exercer un ministère. Dieu cherche un récipient qui est prêt à être utilisé d'une manière puissante.

En ce troisième jour, vous franchissez un obstacle crucial sur la voie de votre objectif de 21 jours... N'abandonnez pas ; une fois cette journée surmontée, le reste deviendra plus simple. Restez affamé !

Au troisième jour du jeûne, il faut se rappeler de

- Boire beaucoup d'eau

- Être rempli de la Parole

- Prier pour obtenir des encouragements

- En général, c'est le jour le plus difficile du jeûne

27

<h1 style="text-align:center"><u>Les effets physiques</u></h1>

- La langue est complètement enduite.

- La sensation de faim augmente et les envies sont parfois intenses

- Le processus de cétose est activement en cours

- Début perceptible de la perte de poids

SE FOCALISER SUR LA PRIÈRE JOUR 3 :
Direction, orientation, rêves et visions

Cherchez Dieu pour vous orienter et vous guider dans votre vie. Les visions sont inspirées par Dieu ; elles ne sont pas des ambitions personnelles ou égoïstes.

Ne vous contentez jamais de moins que ce que Dieu a de meilleur pour votre vie ! Habacuc a dit : « Écrivez la vision clairement sur des tablettes... même si elle tarde à venir. » Ses visions pour vous sont toujours plus grandes que ce que vous pensez pouvoir accomplir parce que Dieu veut que vous dépendiez de Lui et non de votre force. Quelle vision Dieu vous a-t-il donnée ? Écrivez-le pendant le jeûne.

<u>Passage à lire et à méditer pendant la prière</u>

- Proverbes 37:23

- Psaume 143:10

- Psaume 32:8

- Psaumes 37:23

- Psaumes 25:4--5

- Jérémie 10 : 23

- Psaumes 119:53

- Proverbes 3 : 5

- Proverbes 16:9

- Jérémie 29:11

- Ésaïe 48 : 17

- Psaume 139 : 23– 24

Jour 4

Priez de manière précis

Paul a déclaré que les armes de notre combat sont « puissantes par les vertus de Dieu pour renverser les forteresses ». (2 Cor. 10 : 4) et vous avez besoin de ces armes pour frapper spécifiquement le(s) cible(s) qui vous retiennent. Ces forteresses, ces dépendances et ces tentations ne peuvent être brisées que par le jeûne et la prière. Dans Matthieu 17, les disciples ont été frustrés parce qu'ils ne pouvaient pas chasser un démon hors d'un garçon. Jésus leur a dit : "Cette espèce ne sort que par la prière et le jeûne." En d'autres termes, quels que soient les forteresses qui vous tiennent liées, le jeûne et la prière peuvent briser le joug de l'ennemi !

<u>Au quatrième jour de jeûne, il faut se rappeler de :</u>

- Prier et demeurer dans la parole de Dieu

- Boire beaucoup d'eau

- Écouter pendant que vous priez

- Noter ce que le Saint-Esprit vous communique

<u>**Les effets physiques**</u>

- Vous commencez à vous habituer à votre jeûne

- Les envies commencent à diminuer

- Votre corps commence à se débarrasser des toxines

- Les maux de tête devraient s'atténuer.

SE FOCALISER SUR LA PRIÈRE: JOUR 4:
Intercession

Un intercesseur est quelqu'un qui se tient à la place d'un autre. Une personne qui plaide pour une autre comme si c'était elle dans une situation particulière. En tant qu'intercesseur, vous aidez à maintenir un mur de protection contre les attaques démoniaques dans votre maison, votre ville et votre communauté.

En tant qu'intercesseur, vos prières ont le pouvoir d'atteindre les « maisons de consommation de drogues », les boîtes de nuit, et franchir toutes les barrières et pénétrer dans les endroits les plus inaccessibles. En cette journée, pensez à ceux de votre famille, de votre communauté et de votre église qui ont besoin de quelqu'un pour les aider. Oui, même l'incroyant. Priez pour que Dieu suscite des intercesseurs parmi vous alors que vous intercédez pour ceux que vous connaissez et ceux que vous ne connaissez pas.

Les cibles d'intercession pour ma famille, ma ville et mon pays

<u>Passage à lire et à méditer pendant la prière</u>

- Romains 8 : 26

- 1 Timothée 2 : 1

- Matthieu 18 : 19-20

- Jacques 5 : 13-16

- Jude 1 : 20

- Ésaïe 59 : 16

- Job 1 : 1-22

- 1 Pierre 2 : 13-25

- Philémon 1 : 1-25

Jour 5

Jeûne et prière

Lorsque vous étudiez le ministère terrestre de Jésus, vous remarquez que chaque fois qu'il prêchait et faisait des miracles, Il priait également. Jésus s'était engagé à passer du temps avec le Père. Bien que le ministère et l'enseignement faisaient partie de son appel, mais sans la prière, son œuvre n'aurait jamais eu une grande portée.

Souvenez-vous au cinquième jour de jeûne, de :

- Prier et demeurer dans la parole de Dieu

- Tenir un journal de votre parcours

- Vous concentrer sur votre temps de prière personnel et votre lieu de prière.

Les effets physiques

- Maux de tête

- Les envies diminuent

- Perte de poids perceptible

- La mauvaise haleine peut être apparente lorsque votre corps se désintoxique. (Vous pouvez avoir de la menthe)

SE FOCALISER SUR LA PRIÈRE-JOUR
5:Rompre avec les addictions

Jésus est venu donner aux croyants une vie abondante exempte de péché. Pourtant, beaucoup d'entre nous sont liés par des dépendances. Qu'il s'agisse de sexualité, d'alcool, de drogue, de jeu, de dépression, etc. Grâce à la discipline du jeûne, vous pouvez briser les forteresses que l'ennemi a sur un domaine de votre vie. S'il y a des addictions dans votre vie, énumérez-les ci-dessous et demandez à Dieu de vous donner la grâce de vous éloigner de ces chaînes. Vous connaissez peut-être un ami proche ou un membre de votre famille qui souffre d'une dépendance, écrivez son nom et priez également pour lui. N'oubliez pas d'être spécifique.

<u>Passage à lire et à méditer pendant la prière</u>

- Romains 12 : 2

- 2 Corinthiens 10 : 4-5

- Éphésiens 6 : 11-12

- Phil 1 : 9-11

- Matthieu 18 : 18-20

- Ésaïe 54 : 4-5, 14

- Ésaïe 61 : 7

- Joël 2 : 25-32

- Jean 8 : 15

- 1 Jean 1 : 9

- Rom 8 : 15-17

- Heb. 4 : 12-13

- Jacques 1:12

- 1 Pierre 2:20-25

- 1 Cor 10:13

Jour 6

Une année rafraîchissante.

Une nouvelle année signifie un nouveau départ pour vous. Que ce soit en début, en milieu ou en fin d'année, prenez le temps de faire un retour sur vous-même et d'identifier les transformations que vous aimeriez apporter dans votre vie. Le jeûne est la meilleure façon de repartir à zéro. Au lieu de vous concentrer sur les résolutions du Nouvel An, décidez-vous à vous focaliser sur Dieu. Ce faisant, vous ferez l'expérience d'une nouvelle onction, contrairement à tout ce que vous avez jamais expérimenté en Dieu. Plus de rituels ou de traditions, juste une faim de Dieu.

<u>Souvenez-vous au sixième jour de jeûne, de :</u>

- Prier et demeurer dans la Parole de Dieu

- Tenir un journal de votre parcours

- Boire beaucoup d'eau

- Vous concentrer sur la méditation des Écritures que vous lisez et que vous priez.

- Garder quelques feuilles de menthe à portée de main

<u>Les effets physiques</u>

- Les envies peuvent surgir lorsqu'elles sont stimulées par des images ou des odeurs.

- La perte de poids se poursuit.

- La désintoxication se poursuit.

SE FOCALISER SUR LA PRIÈRE – JOUR 6 :
Santé et guérison

Commencez aujourd'hui en louant Dieu pour le pouvoir de guérison qui est en Jésus. Si vous êtes malade dans une partie de votre corps ou si un proche a besoin de guérison, commencez à prier pour votre propre guérison et leur guérison au **nom de Jésus**. Commencez à le dire à haute voix et croyez. Priez pour que la volonté du Seigneur soit faite.

Passage à lire et à méditer pendant la prière

- Psaumes 91 : 16

- Proverbes 4 : 20-22

- Exode 15 : 26

- Ésaïe 53 : 1-5

- Deutéronome 7 : 15

- Psaume 42 : 11

- Hébreux 4 : 12

- Ephésiens 6 : 17

- Hébreux 11 : 1

- Psaumes 91 : 1-6, 9-10

- Malachie 4 : 2

- Psaumes 103 : 2-3

- Matthieu 8 : 2-3

- Marc 5 : 25-38

- Luc 13 : 11-16

Jour 7

J'ai besoin de plus, plus, plus

Job proclama : « Je ne me suis point aussi écarté du commandement de ses lèvres ; j'ai serré les paroles de sa bouche, plus que ma provision ordinaire. » Demeurez dans Sa parole et vous commencerez à voir le Seigneur vous remplir comme jamais auparavant. Ayez faim des choses qui sont enracinées en Dieu, au-delà de ce qui est visible en surface.

Soyez motivé, vous avez atteint le tiers du chemin. Vous y êtes presque, n'abandonnez pas maintenant. La course ne revient pas aux plus rapides ni aux plus puissants, mais à ceux qui persévèrent.

<u>Souvenez-vous au septième jour de jeûne, de :</u>

- Prier et demeurer dans la Parole de Dieu

- Tenir un journal de votre parcours

- Vous concentrer sur votre temps de prière personnel et votre lieu de prière.

- Boire beaucoup d'eau

- Continuer à jouer le rôle de médiateur et d'écouter pendant que vous lisez le mot.

<u>Les effets physiques</u>

- Les envies peuvent surgir lorsqu'elles sont stimulées par des images ou des odeurs.

- La perte de poids se poursuit.

- La désintoxication se poursuit.

SE FOCALISER SUR LA PRIÈRE - JOUR 7:
La famille

J'ai entendu un prédicateur dire un jour : « Chaque acte est une graine », ce qui signifie que tout ce que vous avez choisi de faire dans cette vie crée une graine pour les générations futures. Si vous volez, mentez et regardez des choses que vous ne devriez pas regarder en secret, vous semez des graines pendant des générations. Inversement, si vous êtes un adorateur qui prie, jeûne et cherche le Seigneur, vous semez des graines de foi pour les générations futures. Quelles graines souhaitez-vous semer pour l'avenir de votre famille et des générations futures ? Aujourd'hui, priez pour votre famille et la génération à venir. Brisez les malédictions générationnelles et établissez des bénédictions générationnelles. Posez les bases pour la prochaine génération.

<u>Les cibles de prière pour ma famille aujourd'hui</u>

<u>Passage à lire et à méditer pendant la prière</u>

- Ésaïe 58

- Deutéronome 6 : 6

- Psaumes 78

- Deutéronome 12 : 28

- Proverbes 3 ; 4

- Hébreux 12 : 11

- 1 Timothée 5 :8

- Proverbes 29 : 15, 17

- Proverbes 13 : 24

Jour 8

La Présence de Dieu

Nul doute que les années passeront aussi vite qu'elles viendront, mais, Dieu soit loué, vous pouvez le rendre plus glorieux et plus victorieux que n'importe quelle année de votre vie. Comment ? En prenant une décision, dès maintenant, avant la fin de l'année. Vous pouvez décider que c'est l'année où vous cesserez de vous inquiéter !

"Arrêtez de vous inquiéter ?" demandez. Oui, regardez ce que Jésus dit à propos de l'inquiétude. Qui de vous, par ses inquiétudes, peut ajouter une coudée à la durée de sa vie ? 26 Puisque vous n'avez pas le pouvoir sur les détails les plus infimes, pourquoi vous inquiéter du reste ? (Luc 12 : 25-26)

Au contraire, plus vous rencontrez de problèmes, plus vous avez de raisons de ne pas vous inquiéter car la présence du Tout-Puissant est avec vous même lorsque vous ne la ressentez pas. La question est : allez-vous faire confiance à ce que vous ressentez ou à Sa Parole ?

Souvenez-vous au huitième jour de jeûne, de

● Prier et demeurer dans la Parole de Dieu

- Tenir un journal de votre parcours

- Vous concentrer sur votre temps de prière personnel et votre lieu de prière.

- Boire beaucoup d'eau

- Continuer à méditer et à écouter pendant que vous lisiez la parole.

Les effets physiques

- Les envies peuvent surgir lorsqu'elles sont stimulées par des images ou des odeurs.

- La perte de poids se poursuit.

- Vous commencez à découvrir ce que l'on appelle le « point idéal »- un lieu qui sera comme si vous entriez directement dans le Saint des Saints.

Avec toutes les dernières nouvelles sur les meurtres, la guerre, les assassinats et l'imprévisibilité du marché boursier, vous vous demandez peut-être « comment puis-je me protéger, ainsi que ma famille et mes investissements ? » La réponse est, vous NE POUVEZ PAS. Les choses matérielles vont et viennent ; veiller sur votre famille à chaque seconde est impossible. Mais si vous placez votre confiance dans le Seigneur et non dans vos richesses ou vos relations, Il vous protégera et veillera sur vous, votre famille, vos investissements et tout ce que vous possédez. Demandez au Seigneur de couvrir tous ceux que vous aimez et chérissez.

<u>Prier pour la protection.</u>

<u>Passage à lire et à méditer pendant la prière</u>

- Ésaïe 41 : 10

- Ésaïe 54 : 17

- Psaumes 91 : 1-3

- Psaumes 121

- Daniel 12 : 1

- 1 Jean 5 : 18

- Psaume 138 : 7

- Proverbes 19 : 23

- Deut. 28 : 1-68

- 2 Timothée 4 : 18

- Psaume 109 : 1-31

- 2 Thessaloniciens 3 : 3

Jour 9

Marcher avec Dieu

Pouvez-vous imaginer ce que cela devait être pour Adam et Ève de marcher avec Dieu ? Ou encore pour Énoch ? N'aimeriez-vous pas faire l'expérience d'un tel niveau d'intimité et de proximité ? C'est possible durant votre jeûne. Le jeûne prépare la voie pour que Dieu vous parle avec clarté. Gardez à l'esprit votre objectif, vous voulez que Dieu dirige les pas de votre route, vous donne la perspicacité, le discernement, la compréhension, la sagesse, toutes les choses dont vous avez besoin pour faire sa volonté. Priez pour que le Seigneur ouvre vos oreilles spirituelles pour L'entendre, et vos yeux spirituels pour Le voir.

<u>Au neuvième jour du jeûne, souvenez-vous de :</u>

- Prier et demeurer dans la parole de Dieu

- Tenir un journal de votre parcours

- Vous focaliser sur votre temps de prière personnel et votre lieu de prière

- Boire beaucoup d'eau

- Continuer à méditer et à écouter pendant que vous lisez la parole.

<u>Les effets physiques</u>

- Les envies peuvent surgir lorsqu'elles sont stimulées par des images ou des odeurs

- La perte de poids se poursuit.

- Vous commencez à découvrir ce que l'on appelle le « point idéal » - un lieu qui sera comme si vous entriez directement dans le Saint des Saints.

SE FOCALISER SUR LA PRIÈRE - JOUR 9 :
Le mariage

Ils disent « deux est une entreprise et trois est une foule » et que le truisme peut être vrai pour quelque chose, mais pas quand il s'agit de mariage. Dans un mariage, Dieu est cette troisième « roue ». Une troisième roue importante. Si vous êtes marié depuis un certain temps, vous pouvez avoir des enfants, un travail, des factures, une église, etc., parfois ces choses peuvent sucer l'amour et la grandeur de ce que Dieu a uni. Aujourd'hui, demandez au Seigneur de renouveler et de raviver l'amour pour votre conjoint, même au cœur des circonstances les plus éprouvantes. Dans l'Apocalypse, Jésus parlant à l'église d'Éphèse leur dit qu'ils ont abandonné leur premier amour. Son remède consiste à revenir en arrière et de faire les choses qui vous ont fait tomber amoureux. (Apocalypse 2 : 4-6) Prévoyez donc après le jeûne de rallumer ce feu. Planifiez une mini escapade. Ne compliquez pas les choses, faites-le.

Si vous êtes célibataire, priez le Seigneur de vous amener non seulement un « chrétien », mais un homme/une femme de Dieu craignant Dieu.

<u>Prier pour le mariage</u>

<u>Passage à lire et à méditer pendant la prière</u>

- Proverbes 2 : 1-6

- Hébreux 12 : 14-15

- Éphésiens 4 : 29

- Éphésiens 5 : 22-33

- Proverbes 3 : 3

- Proverbes 12 : 4

- Ecclésiaste 9 : 9

- 1 Corinthiens 7 : 15

- 1 Pierre 2 : 25

- 1 Timothée 5 : 14

- Hébreux 13 : 4

- 1 Pierre 3 : 2,7

Jour 10

Écoutez attentivement et intensément

À ce stade, vous devriez être sensible à la présence du Seigneur. Votre soif de Lui et de ses provisions s'est intensifiée. Rappelez-vous que c'est pendant un jeûne que Paul a reçu son appel, Pierre a reçu sa vision du Seigneur « sur le toit ». Qu'est-ce que Dieu vous a révélé jusqu'à présent ?

<u>Au dixième jour du jeûne, souvenez-vous, de :</u>

- Prier et demeurer dans la parole de Dieu

- Tenir un journal de votre parcours

- Vous focaliser sur votre temps de prière personnel et votre lieu de prière

- Boire beaucoup d'eau

- Continuer à méditer et à écouter pendant que vous lisez la parole.

- Garder de la menthe à portée de main

Les effets physiques

- Les envies peuvent surgir lorsqu'elles sont stimulées par des images ou des odeurs

- La perte de poids se poursuit.

SE FOCALISER SUR LA PRIÈRE – JOUR 10 :
La faveur

Le dictionnaire définit la Faveur comme : « Ressentir ou montrer une approbation ou une préférence pour. » Beaucoup d'entre nous rêvent de démarrer une entreprise, rêvent d'une promotion ou veulent simplement aller de l'avant. Mais vous réalisez que vous avez besoin d'aide de quelqu'un d'autre. Ce dont vous avez réellement besoin, c'est d'une faveur. Tout comme Joseph a obtenu la faveur alors qu'il était en esclavage. La question est celle-ci : le Seigneur peut-Il vous confier la faveur que vous recherchez ?

Joseph, peu importe où il se trouvait, même en tant qu'esclave, gardait Dieu en premier et L'honorait, même lorsqu'il ne comprenait pas pleinement le plan divin. Il ne permettait pas que les barrières qui se dressaient sur son chemin limitent sa foi. Donc, quelle que soit la raison pour laquelle vous croyez en Dieu pendant ce jeûne, je vous encourage à croire, quels que soient les murs ou les obstacles qui se dressent sur votre chemin.

<u>Quel genre de faveur demandez-vous ? Écrivez-le</u>

<u>Passage à lire et à méditer pendant la prière</u>

- Psaumes 5 : 12

- Psaumes 90 : 17

- Psaumes 102 : 13

- Esther 2

- Genèse 39

- Genèse 18 : 1-3

- Psaumes 30 : 5

- Proverbes 3 : 1-4

- Psaumes 84 : 11

- Proverbes 3 : 33-35

- Psaume 106 : 4

Jour 11

À mi-parcours vers la maison

Vous êtes à mi-chemin pour réaliser votre jeûne. Mais ce n'est pas le fait de terminer qui importe. À ce point, vous devriez être sensible au Saint-Esprit qui agit en vous dans différents domaines de votre vie.

Le jeûne est un moyen biblique par lequel Dieu nous humilie. David a dit : « Je m'humilie par le jeûne ». Rappelez-vous que l'humilité est une discipline et qu'elle ne vient pas naturellement. C'est à Dieu de vous nourrir en l'absence de nourriture. En quoi cette expérience vous a-t-elle humilié ?

<u>Souvenez-vous au onzième jour de jeûne, de:</u>

- Prier et demeurer dans la parole de Dieu

- Tenir un journal de votre parcours

- Vous focaliser sur votre temps de prière personnel et votre lieu de prière

- Boire beaucoup d'eau

- Continuer à méditer et à écouter pendant que vous lisez la parole.

- Garder de la menthe à portée de main

<u>Les effets physiques</u>

- Les envies peuvent surgir lorsqu'elles sont stimulées par des images ou des odeurs

- La perte de poids se poursuit.

SE FOCALISER SUR LA PRIÈRE - JOUR 11 :
Révéler les dons

Paul dit dans 1 Corinthiens que le Saint-Esprit nous a tous donné des dons pour l'édification de l'église. Ils ne sont jamais destinés à des gains égoïstes ou à des ambitions égoïstes. Demandez au Seigneur de vous révéler le don qu'Il a déposé en vous. Et rappelez-vous parfois que c'est en faisant du bénévolat en tant que préposé à l'accueil, en faisant partie de l'équipe de louange et d'adoration, du comité de nettoyage ou partout où vous voyez qu'il y a un besoin alors que vous servez Dieu, Il vous révélera le(s) don(s) qu'Il vous a donné(s).

Pendant que vous priez pour la révélation, allez et servez.

- Jacques 1 : 17

- Romains 12 : 3-8

- Romains 11 : 29

- 1 Corinthiens 12 : 1-31

- Éphésiens 4 : 1-16

Jour 12

Quelle est la profondeur de votre faim

Avez-vous déjà lu le Psaume 42 ? Savez-vous ce que David disait réellement ? David réalisa que sa faim de se rapprocher de Dieu était plus grande que sa faim naturelle de nourriture. J'espère que vous êtes en train d'expérimenter une compréhension et un amour plus profonds pour votre Père. Même si vous n'êtes pas à ce stade, continuez à Le chercher. Dieu travaille avec nous tous différemment.

Ceux qui ont une faim et un désir plus profond auront une révélation nouvelle de la grandeur de Jésus.

<u>Au douzième jour du jeûne, souvenez-vous, de :</u>

- Prier et demeurer dans la Parole de Dieu

- Tenir un journal de votre parcours

- Vous concentrer sur votre temps de prière personnel et votre lieu de prière.

- Boire beaucoup d'eau

- Continuer à méditer et à écouter pendant que vous lisiez la parole.

<u>**Les effets physiques**</u>

- Les envies peuvent surgir lorsqu'elles sont stimulées par des images ou des odeurs.

- La perte de poids se poursuit.

<u>**Réflexions pour votre journal**</u>

Quelle a été votre expérience jusqu'à présent ? Y a-t-il autre chose que vous désirez ?

SE FOCALISER SUR LA PRIÈRE – JOUR 12 :
Ouvert

Cette journée est une journée « ouverte ». Cela ne signifie pas que vous pouvez prendre une pause de votre jeûne. Ce que cela signifie, c'est que ce jour-là, vous devez prier pour quelque chose qui brûle dans votre esprit ou votre esprit depuis un certain temps... Ou peut-être que le Seigneur vous a simplement conduit à intercéder sur un sujet précis durant ce jeûne. Quoi qu'il en soit, c'est votre moment de chercher Dieu à propos de cette chose.

En ce qui concerne les Écritures du jour, sélectionnez un passage ou une histoire, lisez-le et observez si le Saint-Esprit vous éclaire sur l'application dans votre vie.

Notez le passage que vous avez lu et toute leçon que vous avez apprise en le lisant.

Jour 13

Connaître votre objectif

Tout croyant porte un but pour lequel il est appelé. Nous ne sommes pas un accident ou une erreur. La seule façon de connaître le but de Dieu pour notre vie est par le jeûne.

La question est de savoir à quel point vous avez faim de connaître et d'être dans la volonté du Père. Si Dieu vous a appelé, Il a une mission qui vous attend. Cherchez Sa face aujourd'hui et permettez-Lui de vous montrer le vrai sens de votre vie.

<u>Au treizième jour du jeûne, souvenez-vous, de:</u>

- Prier et demeurer dans la Parole de Dieu

- Tenir un journal de votre parcours

- Vous concentrer sur votre temps de prière personnel et votre lieu de prière.

- Boire beaucoup d'eau

- Continuer à méditer et à écouter pendant que vous lisiez la parole.

<u>Les effets physiques</u>

- Les envies peuvent surgir lorsqu'elles sont stimulées par des images ou des odeurs.

- La perte de poids se poursuit.

Réflexions pour votre journal

Que désirez-vous actuellement dans votre vie ? N'oubliez pas de prier pour vos rêves et de demander à Dieu de vous guider dans ce qui est le mieux pour votre vie. Croyez-vous que Dieu a une mission spécifique pour vous ? Écrivez-le.

SE FOCALISER SUR LA PRIÈRE - JOUR 13 :
Le discernement

Le discernement est la capacité de juger correctement. De nos jours, c'est cette quête unique qui devrait animer tous les croyants à chercher Dieu. Avec tant de problèmes allant du travail à l'école, à la famille et à la planification de l'avenir, nous devons être en mesure de prendre les bonnes décisions concernant ces choses. Priez pour que le Seigneur vous donne la capacité de discerner Sa voix de celle de l'ennemi et de la vôtre. Comme l'écrit l'auteur des Hébreux.

Car la parole de Dieu est vivante et efficace, plus tranchante qu'une épée quelconque à deux tranchants, pénétrante jusqu'à partager âme et esprit, jointures et moelles ; elle juge les sentiments et les pensées du cœur. (Heb. 4 : 10).

Priez pour que Dieu vous aide à discerner Sa volonté tout au long de l'année. Priez pour qu'Il amène les bonnes personnes et les bonnes connexions dans votre vie et que tout cela vous aide à réaliser vos rêves cette année.

<u>Passage à lire et à méditer pendant la prière</u>

- Osée 4 : 6
- Prov 19 : 2
- Mat 16 : 3
- Ésaïe 11 : 2-3

- Mat 7 : 15 -16,22-23

- 1 Rois 3 : 9

Jour 14

Élevez le niveau de votre adoration

La plupart des gens considèrent que l'adoration consiste à venir à l'église pour chanter, crier, écouter une chorale et dire amen. Mais, la différence est énorme. Bien sûr, ce sont des expressions d'adoration, mais ce n'est pas l'adoration. L'adoration est la façon dont nous représentons Christ quotidiennement. Pas seulement lorsque nous sommes à l'église en train de faire notre « activité d'église ». Élevez votre adoration en étant un peu plus convaincu lorsque vous chantez, applaudissez avec enthousiasme que vous ayez de la musique, des instruments ou non.

L'adoration est personnelle. Ce n'est pas la musique qui fait l'adoration, mais la façon dont nous avons représenté Jésus pendant la semaine. Alors chantons plus fort, applaudissons et marchons d'un pas ferme, levons nos mains et vivons pour représenter Jésus, et je vous promets que votre service d'adoration ne sera pas le même.

<u>Au quatorzième jour du jeûne, souvenez-vous, de :</u>

- Prier et demeurer dans la parole de Dieu

- Tenir un journal de votre parcours

- Vous focaliser sur votre temps de prière personnel et votre lieu de prière

- Boire beaucoup d'eau

- Continuer à méditer et à écouter pendant que vous lisez la parole.

Les effets physiques

- Les envies peuvent surgir lorsqu'elles sont stimulées par des images ou des odeurs

- La perte de poids se poursuit.

Réflexions pour votre journal

Êtes-vous « entièrement » un adorateur ? Est-ce que c'est ce que Jésus mérite ?

SE FOCALISER SUR LA PRIÈRE - JOUR 14:
Prospérité divine

Aujourd'hui, demandez à Dieu de vous aider à remettre de l'ordre dans vos finances. Ceux qui prêchent un évangile de « prospérité » ont abusé des écritures pour dire que Dieu veut que tout le monde soit financièrement riche et que tout ce que nous devons faire est de demander ou de répéter une prière spéciale. Bien que ce type d'enseignement de la prospérité reçoive un large public, il est loin de la vérité de Dieu.

Mais Dieu **VEUT** que nous prospérions : « Vous ne possédez pas, parce que vous ne demandez pas à Dieu. Lorsque vous demandez, vous ne recevez pas, parce que vous demandez pour de mauvais motifs » (Jacques 4 : 2-3). Dieu a un plan pour nous faire prospérer, mais nous ne recevons souvent pas ses bénédictions parce que nous demandons à satisfaire nos propres désirs égoïstes. Nous ne parvenons pas non plus à prospérer parce que nous ne comprenons pas la définition que Dieu donne de la prospérité. La prospérité divine ne concerne pas seulement les finances ou les biens, mais aussi la prospérité dans tous les domaines de votre vie.

Bien-aimés, je prie pour que vous prospériez à tous égards et soyez en bonne santé, tout comme prospère votre âme. (3 Jean 1 : 2 LSG)

Dieu désire non seulement que vous prospériez, mais comme vous le lisez dans les Écritures, la prospérité commence dans votre âme. Cela signifie qu'une vie véritablement prospère commence par une proximité avec (rester près de) Dieu, en sachant que toute chose lui appartient ; en honorant Dieu avec vos dîmes ; et lui faisant confiance pour répondre à vos besoins avec les 90%. Notez les besoins financiers spécifiques que vous avez :

<u>Passage à lire et à méditer pendant la prière</u>

- Luc 6 : 38

- Psaumes 35 : 27

- Psaumes 112 : 5

- Psaumes 1

- 2 Corinthiens 9 : 9

- Proverbes 3 : 1

- Josué 1 : 7-8

- 1 Chroniques 4 : 9-10

- Marc 10 : 29-30

- Proverbes 3 : 9-10

- Philippiens 4 : 19

- 2 Corinthiens 9 : 6-8

Jour 15

Renouvellement

Le jeûne apporte toujours un renouveau ; une nouvelle façon de voir les choses à travers le prisme de Dieu. Il renouvelle notre engagement à servir, ou nous pousse à vouloir servir. Cela nous renforce pour l'année à venir et nous pousse à partager l'Évangile avec les autres.

Qu'est-ce que le Seigneur a renouvelé en vous ?

<u>Au quinzième jour du jeûne, souvenez-vous, de :</u>

- Prier et demeurer dans la Parole de Dieu

- Tenir un journal de votre parcours

- Vous concentrer sur votre temps de prière personnel et votre lieu de prière.

- Boire beaucoup d'eau

- Continuer à méditer et à écouter pendant que vous lisiez la parole.

<u>Les effets physiques</u>

- Les envies peuvent surgir lorsqu'elles sont stimulées par des images ou des odeurs.

- La perte de poids se poursuit.

Réflexions pour votre journal

Qu'est-ce que Dieu a renouvelé dans votre vie ? Quelles actions allez-vous mettre en œuvre ?

SE FOCALISER SUR LA PRIÈRE - JOUR 15 :
Les ouvriers

" La moisson est grande, mais peu d'ouvriers " sont les paroles de Jésus. L'église a besoin d'ouvriers pour le royaume. C'est ainsi que nous obtiendrons nos couronnes et par notre fidélité, Dieu nous positionnera dans le royaume.

Êtes-vous engagé dans votre église ? Votre église a-t-elle besoin de personnes pour faire du bénévolat et travailler ? Priez aujourd'hui pour que le Seigneur envoie des âmes dans le ministère. Des personnes qui seront équipées pour effectuer le travail du ministère. Priez pour que le ministère commence à croître et à s'étendre au-delà des quatre murs d'un bâtiment.

Quels sont les domaines où des ouvriers sont nécessaires dans votre ministère ?

<u>Points de prière spécifiques pour les travailleurs du ministère.</u>

<u>Passage à lire et à méditer pendant la prière</u>

- Matthieu 9 : 35-38

- Luc 10 : 1-3

- Jean 4 : 35

Jour 16

Dieu est votre rocher et votre source

Dieu ne veut pas que vous vous inquiétiez. Il veut que vous ayez confiance qu'il est au contrôle de votre vie et que vous lui laissiez la liberté de vous guider à travers chaque défi du quotidien. Pendant que vous jeûniez, donnez à Dieu votre corps, donnez-Lui aussi votre esprit.

<u>Au seizième jour du jeûne, souvenez-vous, de :</u>

- Prier et demeurer dans la parole de Dieu

- Tenir un journal de votre parcours

- Vous focaliser sur votre temps de prière personnel et votre lieu de prière

- Boire beaucoup d'eau

- Continuer à méditer et à écouter pendant que vous lisez la parole.

<u>Les effets physiques</u>

- Les envies peuvent surgir lorsqu'elles sont stimulées par des images ou des odeurs

- La perte de poids se poursuit.

Y a-t-il des domaines dans votre vie où il y a un manque de pardon et de l'amertume que le Seigneur vous a révélés. Laissez-Lui la douleur et la blessure et permettez-Lui de vous guérir. Quelles sont-elles ?

SE FOCALISER SUR LA PRIÈRE – JOUR 16 :
L'Église

L'église locale est l'instrument que Dieu utilise pour atteindre et servir les perdus. Aujourd'hui, nous voulons prier pour que le Seigneur aide à développer votre église locale. La croissance doit être numérique et spirituelle. Comment aimeriez-vous voir le Seigneur faire grandir et étendre le ministère ?

Dans quels domaines souhaitez-vous voir le Seigneur déverser sa bénédiction. Les membres actuels sont-ils unis ou divisés ? Dieu ne bénira pas une maison divisée. Cherchez l'unité entre tous les croyants et les membres de votre église locale.

La croissance ne se produit que par le Saint-Esprit, mais nous devons être prêts à servir ceux qui viennent. Demandons au Saint-Esprit de nous aider à grandir cette année. Multiplie-nous en nombre et aide-nous à grandir spirituellement pour faire progresser le royaume.

<u>Points de prière spécifiques pour mon église :</u>

<u>Passage à lire et à méditer pendant la prière</u>

- Hébreux 10 : 24-25

- 1 Corinthiens 1 : 10

- Matthieu 16 : 16-18

- Romains 12 : 3-5

- Actes 2 : 40 - 47

- Éphésiens 4 : 11-12

Jour 17

Dieu est un rémunérateur

ébreux 11 : 6 nous dit que Dieu est le rémunérateur de ceux qui Le cherchent avec diligence. La promesse de Dieu dans Jérémie nous dit plus loin dans le chapitre 29 : 13 : « Vous me chercherez et vous me trouverez, lorsque vous me cherchez de tout votre cœur. » Jeûner et prier, c'est chercher Dieu de tout votre cœur. Tant que vous Le cherchez de tout votre cœur, Il vous récompensera, Il est avec vous.

Au dix-septième jour du jeûne, souvenez-vous, de :

- Prier et demeurer dans la Parole de Dieu

- Tenir un journal de votre parcours

- Vous concentrer sur votre temps de prière personnel et votre lieu de prière.

- Boire beaucoup d'eau

- Continuer à méditer et à écouter pendant que vous lisiez la parole.

Les effets physiques

- Les envies peuvent surgir lorsqu'elles sont stimulées par des images ou des odeurs.

● La perte de poids se poursuit.

<u>Réflexions pour votre journal</u>

Comment avez-vous pu résister à la tentation qui accompagnait le jeûne ?

Votre pasteur - tous les pasteurs ont besoin de prière. Parfois, le poids du ministère peut devenir si écrasant que la joie, la fraîcheur et la puissance de l'appel peuvent être oubliées. Le ministère peut parfois entraîner du découragement et de la défaite. L'ennemi attaque non seulement le pasteur, mais aussi sa famille. Peut-être que vous êtes un pasteur et que les dernières années ont été ardues, aujourd'hui est le jour pour intercéder devant le trône.

Jeûnez et priez pour la protection, la joie restaurée et une onction accrue dans la vie de votre pasteur ou la vôtre. Priez pour que Dieu répande sur lui, sur l'Église et même sur votre propre vie des bénédictions qui dépassent les mots. Priez pour que le Seigneur fasse croître l'Église et attire à elle des personnes douées dans les divers domaines du ministère. Si vous connaissez des domaines spécifiques que vous pourriez cibler dans la prière, énumérez-les ci-dessous.

<u>Points de prière spécifiques pour mon pasteur, sa famille et son église.</u>

<u>Passage à lire et à méditer pendant la prière</u>

- 1 Thessaloniciens 5 : 12-13

- 1 Timothée 5 : 17

- Jacques 3 : 1

- Hébreux 13 : 7, 7

Jour 18

Rien n'est impossible à Dieu

ieu désire agir de manière puissante dans votre vie. Ses plans pour vous sont progressifs et en développement. Il désire l'intimité et communiquer avec Ses enfants.

Parfois, la religion peut nous donner l'impression que notre relation avec notre Père est là où elle devrait être. Mais pendant ce jeûne, avez-vous constaté un manque ? Avec le Seigneur à vos côtés et une véritable relation naissante, vous pouvez dire comme Job : « tu décréteras une chose et elle sera établie pour toi (Job 22 : 28)"

Au dix-huitième jour du jeûne, souvenez-vous, de :

- Prier et demeurer dans la Parole de Dieu

- Tenir un journal de votre parcours

- Vous concentrer sur votre temps de prière personnel et votre lieu de prière.

- Boire beaucoup d'eau

- Continuer à méditer et à écouter pendant que vous lisiez la parole.

<h2 style="text-align:center"><u>Les effets physiques</u></h2>

- Les envies peuvent surgir lorsqu'elles sont stimulées par des images ou des odeurs.

- La perte de poids se poursuit.

<h2 style="text-align:center"><u>Réflexions pour votre journal</u></h2>

Quels domaines de votre vie vous paraissent impossibles et ont besoin d'être touché par Dieu ?

SE FOCALISER SUR LA PRIÈRE - JOUR 18 : Bonne relation

Les gens dans nos vies peuvent être une bénédiction de Dieu, ou ils peuvent être un outil que l'ennemi utilise pour renverser notre destin. Vous devez être capable de discerner la différence. Il y a des gens que Dieu amènera dans votre vie pour vous édifier dans votre marche et votre foi. Mais l'ennemi amènera aussi des gens qui sont là pour vous décourager, vous rappeler vos échecs passés et perturber votre destinée divine.

C'est le moment de chercher Dieu pour construire de bonnes relations, des relations saines. Vous devrez peut-être abandonner de vieilles amitiés pour obtenir les choses que Dieu a pour vous. Tout le monde ne peut pas marcher avec vous dans le niveau d'onction que Dieu a placé sur votre vie. Nul ne met du vin nouveau dans de vieilles bouteilles.

<u>Passage à lire et à méditer pendant la prière</u>

- Hébreux 10 : 24-25

- Proverbes 13 : 20

- Colossiens 3 : 23

- 1 Corinthiens 13 : 4-8

- 1 Corinthiens 15 : 33

- 2 Corinthiens 6 : 14–15

Jour 19

Les promesses

La Bible nous dit : « Vous me chercherez et vous me trouverez lorsque vous me chercherez de tout votre cœur. Je me laisserai trouver par vous, dit l'Éternel, et je ramènerai vos captifs ; » (Jérémie 29 : 13-14). Quand une personne jeûne, prie et cherche Dieu de tout son cœur, Dieu promet qu'elle Le trouvera. Tant que vous le cherchez de tout votre cœur, Dieu vous guidera toujours sur le bon chemin, c'est sa promesse.

Au dix-neuvième jour du jeûne, souvenez-vous, de :

● Prier et demeurer dans la Parole de Dieu

● Tenir un journal de votre parcours

● Vous concentrer sur votre temps de prière personnel et votre lieu de prière.

● Boire beaucoup d'eau

● Continuer à méditer et à écouter pendant que vous lisiez la parole.

Les effets physiques

● Les envies peuvent surgir lorsqu'elles sont stimulées par des images ou des odeurs.

- La perte de poids se poursuit.

<u>Réflexions pour votre journal</u>

Réfléchissez à la manière dont vous pouvez résister à plus de tentations au cours des prochains jours.

SE FOCALISER SUR LA PRIÈRE - JOUR 19 :
Ouvert

Alors que nous arrivons à la fin de notre jeûne, voici une autre journée portes ouvertes. Aujourd'hui, je veux que vous apportiez 3 choses que vous aimeriez que le Seigneur accomplisse cette année dans votre vie. Ces 18 derniers jours, le Saint-Esprit a beaucoup révélé en vous, alors maintenant, quelle est la chose à laquelle votre esprit aspire ?

Désignez-les ; écrivez-les. C'est là que votre esprit commence à intercéder en votre nom.

<u>Points de prière spécifiques sur ce dont vous avez besoin que Dieu fasse cette année.</u>

<u>Passage à lire et à méditer pendant la prière</u>

- 1 Corinthiens 12

- 1 Timothée 4 :14

- Jacques 1 : 17

- Romains 11 : 29

- Matthieu 6 : 33

Jour 20

La Volonté de Dieu

Durant ce jeûne, vous avez vécu de nombreuses émotions et expérimenté différents niveaux de la présence de Dieu. Vous étiez en train de mourir à votre volonté pour embrasser la volonté de Dieu. Continuez le voyage un jour de plus jusqu'à votre arrivée.

<u>Au vingtième jour du jeûne, souvenez-vous, de :</u>

- Prier et demeurer dans la parole de Dieu

- Tenir un journal de votre parcours

- Vous focaliser sur votre temps de prière personnel et votre lieu de prière

- Boire beaucoup d'eau

- Continuer à méditer et à écouter pendant que vous lisez la parole.

<u>Les effets physiques</u>

- Les envies peuvent surgir lorsqu'elles sont stimulées par des images ou des odeurs

- La perte de poids se poursuit.

<u>Réflexions pour votre journal</u>

Réfléchissez aujourd'hui et revenez en arrière et lisez certaines de vos réflexions. Qu'est-ce que cela vous dit sur votre parcours personnel durant ces 3 dernières semaines ?

Réfléchissez aujourd'hui et revenez en arrière et lisez certaines de vos réflexions. Qu'est-ce que cela vous dit sur votre parcours personnel durant ces 3 dernières semaines ?

JOUR 20 SE FOCALISER SUR LA PRIÈRE : L'Esprit du Royaume

Beaucoup d'entre nous sommes tellement concentrés sur nos carrières, nos familles, notre argent et d'autres choses importantes que nous oublions le royaume de Dieu. Mais c'est quoi avoir l'esprit du royaume ?

Notre Père qui es aux cieux, que ton nom soit sanctifié. <u>Que ton règne vienne.</u>

<u>Que ta volonté soit faite sur la *terre* comme au ciel</u>. (Matthieu 6 : 10 LSG)

Quand une personne a l'esprit du royaume, il s'agit de refléter la volonté de Dieu sur la Terre. Tout comme Jésus reflétait l'œuvre que son Père faisait au ciel pendant qu'Il était sur la terre, une personne du royaume comprend en effet que notre devoir n'est pas seulement de prier pour que sa volonté soit faite sur la terre comme au ciel, mais de l'exécuter. En plus, le tabernacle terrestre était une copie et une ombre des choses célestes. Le sanctuaire céleste a été montré à Moïse comme un plan pour le tabernacle terrestre. Quel plan Dieu vous a-t-Il révélé ? Qu'est-ce que le ciel vous a montré que vous devez faire descendre sur terre ?

Nous devons équilibrer notre responsabilité terrestre avec celle de l'agenda du royaume.

Priez pour que cette année le Seigneur vous permette d'avoir un équilibre entre les responsabilités terrestres et l'esprit de royaume.

Genèse 6

Jour 21

Vous l'avez finalement réussi

Dans Matthieu 7 : 24, Jésus nous dit : « Quiconque entend ces paroles que je dis et les met en pratique, sera semblable à un homme prudent qui a bâti sa maison sur le roc. » Aujourd'hui est le dernier jour de votre jeûne. Vous avez entendu Sa Parole, vous avez obéi. Vous êtes sage et votre maison est bâti sur le roc. Cette année, vous serez établi sur ce rocher. N'abandonnez pas. Continuez et écoutez ce que le Seigneur vous dit.

<u>Au vingt et unième jour du jeûne, souvenez-vous de</u>

- Prier et demeurer dans la parole de Dieu

- Tenir un journal de votre parcours

- Faites le plein de liquides et préparez-vous à recommencer à manger légèrement les aliments solides au 21e jour

- Soyez reconnaissant et réjouissez-vous

- Écrivez vos sentiments sur votre journal de prière.

<u>Les effets physiques</u>

- La perte de poids se poursuit

- Vous ressentez une profonde exaltation lorsque vous franchissez la ligne d'arrivée.

- L'anticipation augmente en contemplant ce que le Seigneur fait dans votre vie.

<u>Réflexions pour votre journal</u>

En ce dernier jour, demandez au Seigneur de vous révéler tout manque de pardon ou tout obstacle que vous n'avez pas encore mis devant lui. Préparez-vous aux bénédictions, à la récolte et à l'onction comme vous n'en avez jamais connu auparavant.

Préparez-vous, car le reste de cette année sera différent de tout ce que vous avez connu auparavant !

SE FOCALISER SUR LA PRIÈRE – JOUR 21 : Action de grâce

Savez-vous que la fête Thanksgiving que nous célébrons était à l'origine enracinée et liée au jeûne, à la prière et à la repentance ? Mais c'est vrai : le premier Thanksgiving n'était pas un festin, il était centré sur un jeûne.

Tout au long des XVIIe et XVIIIe siècles, l'Amérique a organisé des journées publiques au cours desquelles les dirigeants du gouvernement ont encouragé le peuple à se repentir et à demander pardon pour leurs actes répréhensibles. Après des jours de jeûne et de repentance, cela a ensuite été suivi par ce que nous célébrons maintenant comme Thanksgiving avec de la nourriture et des festivités. Ce cycle de jeûne et d'action de grâce était 2 Chroniques 7 : 14 en action : invoquer le Seigneur, être humble, prier et chercher la face de Dieu.

Alors que nous concluons aujourd'hui, commencez à remercier le Seigneur de vous avoir permis de réaliser ce jeûne. Bénis son nom à l'avance pour toutes les prières exaucées. Même si vous ne voyez pas la manifestation de ces demandes, comme le disait mon professeur de séminaire : « la foi, c'est croire que quelque chose est réel, même si ce n'est pas cela, afin que cela puisse devenir réalité. » Nous disons merci Seigneur parce que c'est fait.

Souvenez-vous de ce parcours et de l'intimité dont vous avez appréciée. Faites d'aujourd'hui une journée d'adoration, remplissez votre cœur de joie. Vous avez réussi 21 jours de jeûne...

JOURNAL HISTORIQUE : RAISONS DU JEÛNE ET POINTS DE PRIÈRE

Félicitations:

Maintenant Que Vous Avez Terminé Votre Jeûne...

Soyez prudent et recommencez progressivement à manger une alimentation solide au cours des prochains jours à une semaine. Accordez à votre corps le temps nécessaire pour se rétablir et s'adapter à la digestion des aliments quotidiens. Même si l'envie peut être forte au cours des prochains jours, réglez votre rythme et continuez à boire beaucoup d'eau.

Tout au long de l'histoire, c'est par le jeûne et la prière que les pays ont traversé des saisons de réveil. Le premier grand réveil à la fin des années 1730 a provoqué un changement spirituel en Amérique et dans tout l'Europe dirigé par des prédicateurs comme George Whitefield et Jonathan Edwards dont le célèbre message « Pécheur entre les mains d'un Dieu en colère (Sinner in the Hand of an Angry God) » a provoqué un changement social et jeté les bases de la révolution américaine.

Les premières églises noires ont été fondées, tout cela parce qu'un groupe de personnes a décidé de jeûner et de prier. Le deuxième grand réveil du 19ème siècle s'est produit parce qu'un groupe de jeunes s'est réuni et a commencé à jeûner et à prier dans une cour de grange à rechercher Dieu pour un réveil et le réveil a éclaté à travers l'Amérique. Plusieurs dénominations ont vu le jour, dirigées par des prédicateurs tels que Charles Gandison Finney, Lyman Beecher et Baron Stone, pour n'en citer que quelques-uns. Bien que ces hommes aient été le visage du mouvement, il a été lancé par des jeunes recherchant la face de Dieu.

Les questions sociales telles que l'abolition, la tempérance, la maîtrise de soi, étaient au cœur de ces réunions de camp mettant l'accent sur la responsabilité personnelle devant les hommes et devant Dieu.

Ces peuples de Dieu jeûnaient et avaient la foi que Dieu enverrait un réveil pour changer le cœur des gens.

Il peut y avoir des moments où, malgré le jeûne et la prière dans la foi, vous ne percevez aucun changement apparent ; aucune « pousse » ne se manifeste dans la terre. Souvenez-vous de David dans le Psaume 35 : 13-14, quand il jeûnait encore, il a dit : *« Et ma prière retournait dans mon sein. »*

Ne laissez pas l'ennemi vous décourager ou vous abattre. Lorsque vous ne pouvez pas percevoir Dieu à l'œuvre pour arranger les choses, voilà un petit secret ; commencez à Le louer à l'avance. N'attendez pas que les bénédictions se manifestent pour Le louer parce qu'Il n'a jamais échoué, n'est jamais en retard, n'a jamais perdu une bataille. En tout, donnez-Lui gloire...

Le Psaume dit que David n'a pas reçu de réponse à sa prière, mais il a été capable d'attendre dans la foi, proclamant les louanges de Dieu. Il dit dans les versets 27-28

« *Magnifié soit l'Eternel qui s'affectionne à la paix de son serviteur. Alors ma langue s'entretiendra de ta justice et de ta louange tout le jour."*

Le Seigneur récompensera votre diligence. Souvenez-vous que la foi, c'est croire que quelque chose est réel, même si ce n'est pas ça, afin que cela puisse devenir réalité.

Ma prière et mon espoir sont de conduire les autres à la même connaissance et à la même expérience à travers des Paroles inspirantes que le Seigneur m'a données. J'espère que ce sera une bénédiction pour tous ceux qui veulent chercher la face de Dieu, spécialement au cours de notre époque.

Continuez à jeûner tout au long de l'année chaque fois que vous sentez que le monde vous demande trop et que vous n'avez pas donné de temps à Dieu. Gardez votre journal à portée de main et prenez le temps de le relire tous les quelques mois pour vous rappeler votre expérience et garder l'espoir de ce que Dieu a fait et fera.

Que le Seigneur vous bénisse alors que vous vous dirigez vers une nouvelle saison.